A DORLING KINDERSLEY BOOK

A los padres

Mi primer libro de Contrarios pretende que los niños comprendan el concepto de contrario. Es un libro para que lo disfrutéis y compartáis con vuestros hijos, mirándolo juntos, descubriendo objetos familiares, comparándolos con su idea contraria y aprendiendo nuevas palabras.

¡Divertíos con los contrarios!

Producción Jane Yorke
Edición artística Toni Rann
Diseñador Jane Coney
Dirección editorial Sue Unstead
Director artístico Colin Walton
Fotografía Stephen Oliver
Ayudantes de fotografía Michael Dunning, Karl Shone
Asesor Neil Morris

C/ Campezo, s/n - 28022 Madrid (España)
Telf. 747 21 11 - Télex 22148 SSTA - Fax 747 92 95
I.S.B.N. 84-305-2263-8

· MI · PRIMER · LIBRO · DE ·

Contrarios

susaeta
ediciones s.a

Grande y pequeño

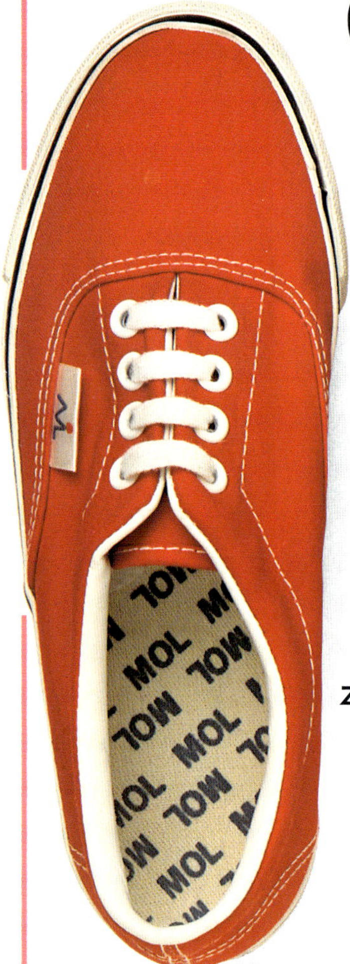

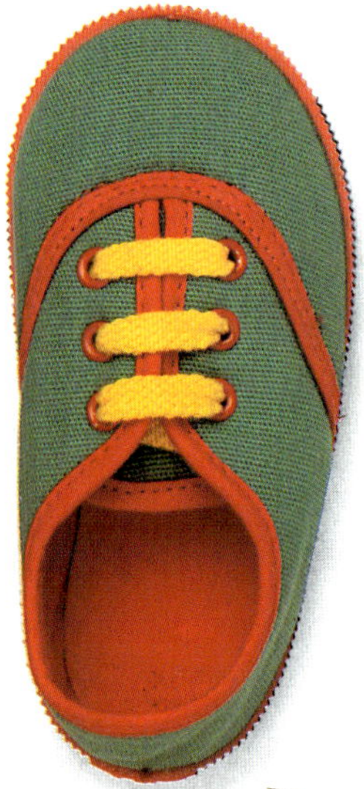

zapatos

hojas

coches

cangrejos

tomates

muñecas

Fino y grueso

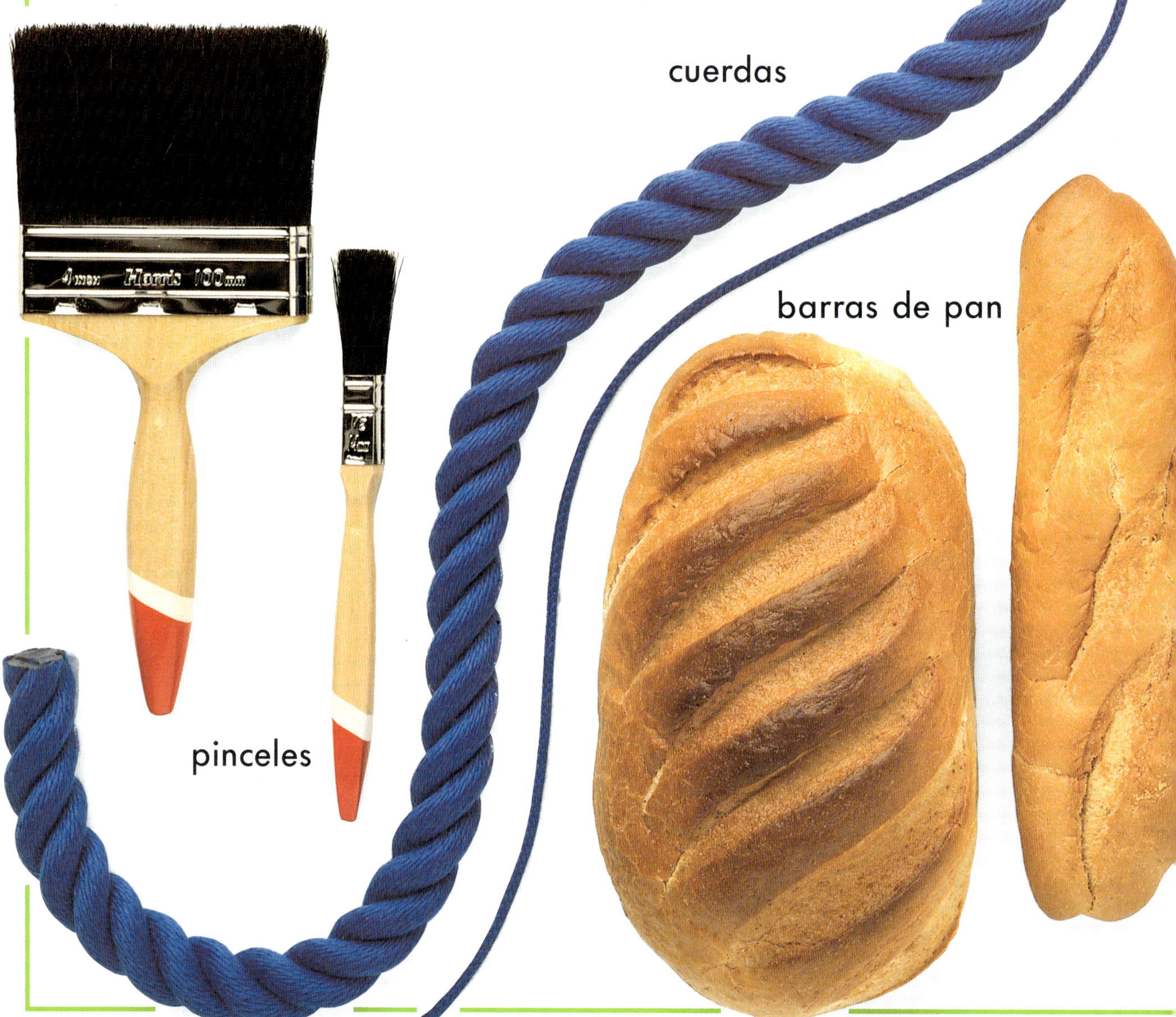

cuerdas

barras de pan

pinceles

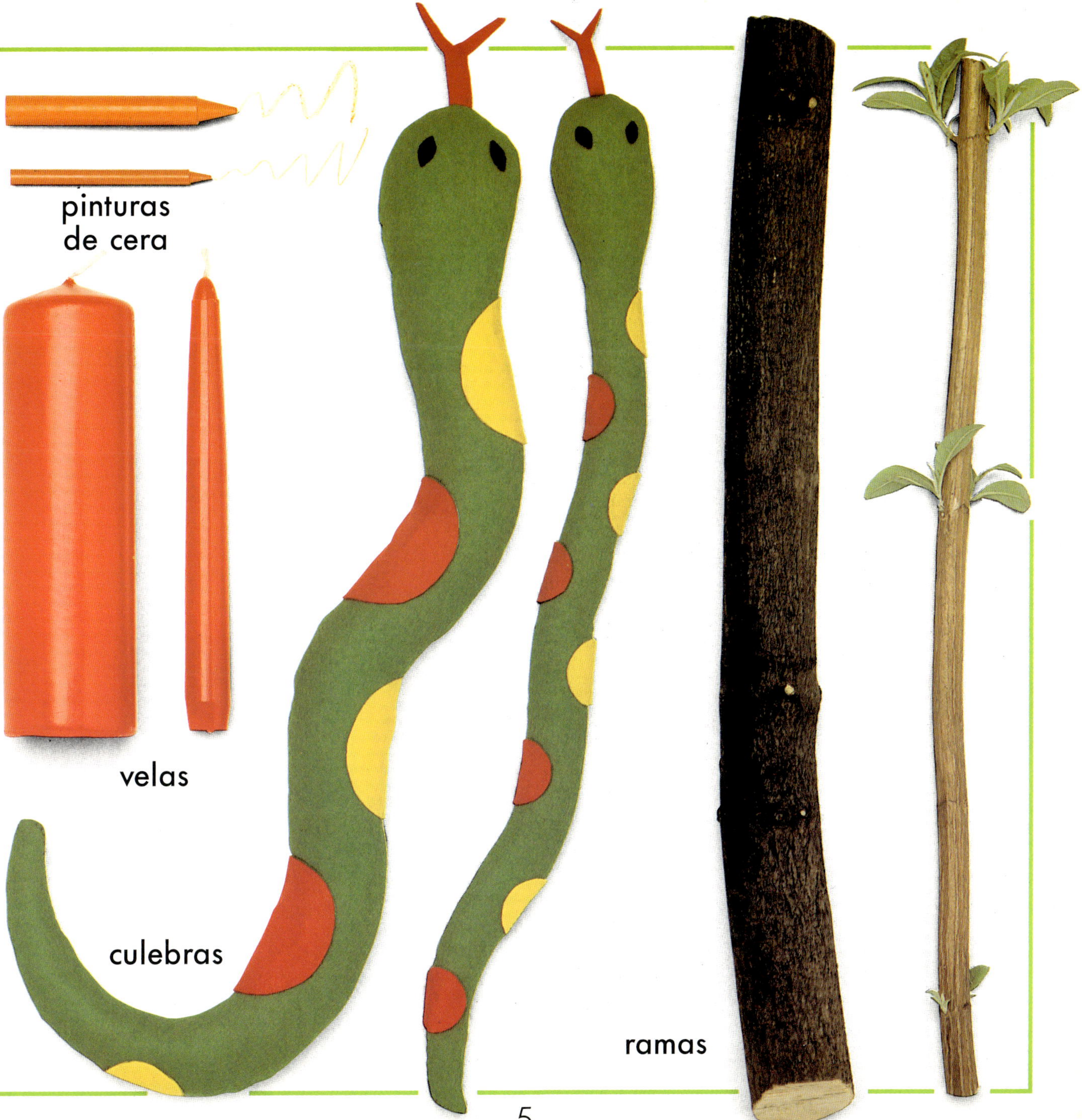
pinturas
de cera
velas
culebras
ramas

Largo y corto

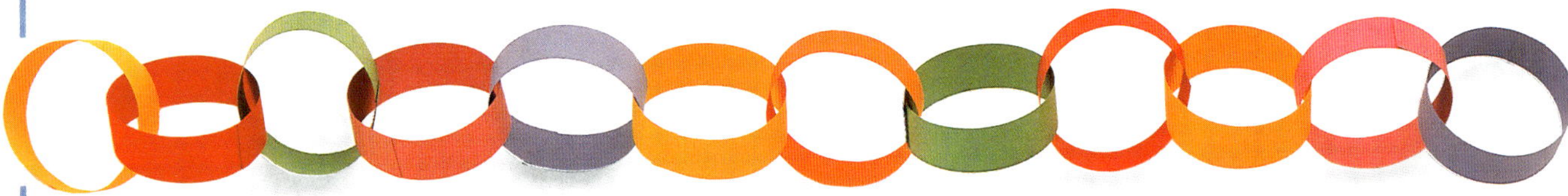

cadenetas de papel

orugas de juguete

lápices

matasuegras
pulseras
bufandas

Dentro y fuera

piloto

castillo de arena

tortuga

caracol

caja sorpresa

Arriba y abajo

grúa

marioneta

escalera

tren

Lleno y vacío

caja de galletas

nido

caja de juguetes

tubo de pintura

frutero

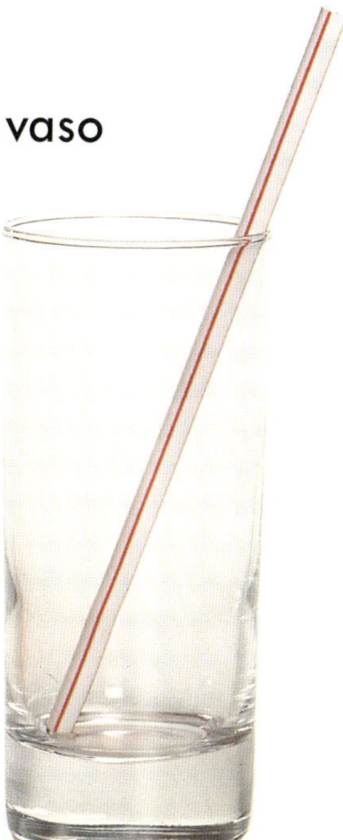

vaso

frasco

Delante y detrás

despertador

tigre

coche

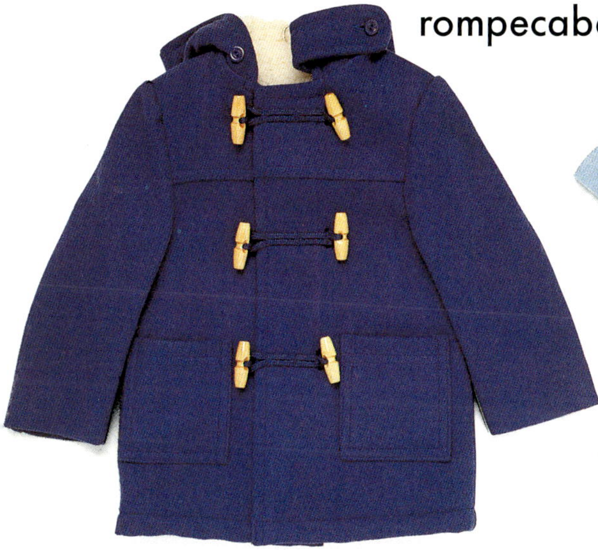

rompecabezas

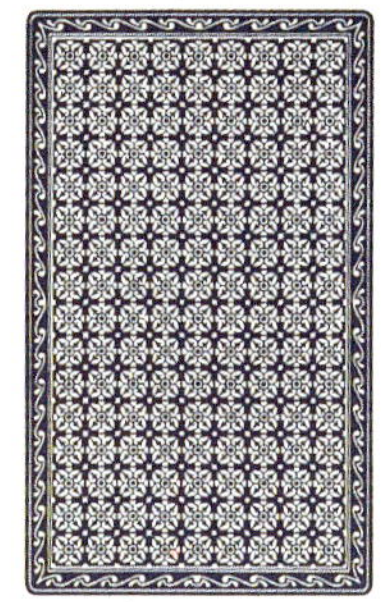

carta

trenka

muñeco de madera

Abierto y cerrado

caja de acuarelas

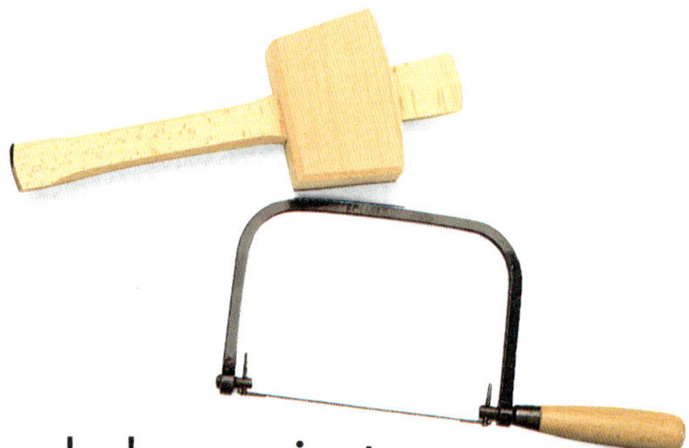

caja de herramientas

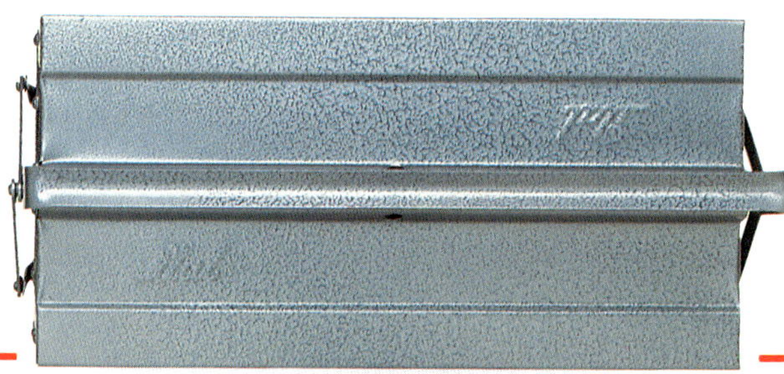

joyero

puerta

bolso